아내를 위한
무릎 기도문

특별히 _____________ 님께

이 소중한 책을 드립니다.

남편이 지켜야 할 십계명

1. 결혼 전과 신혼 초에 보였던 관심과
   사랑을 지켜라.
2. 아내의 생일, 결혼기념일은 반드시 기억하라.
3. 평상시 아내의 외모와 의상에 관심을 가지라.
4. 아내가 하는 말을 경청하라.
5. 아내가 해주는 음식에 반드시 감사를 말하라.
6. 모든 일을 아내와 의논하고 결정하는
   습관을 가지라.
7. 아내의 가족에 대한 농담이나 험담은 하지 말라.
8. 갈등이 있을 때 먼저 아내에게 양보하라.
9. 살림살이는 아내에게 전적으로 맡기라.
10. 아내의 개성을 존중하고 취미생활을 하게 하라.

부부가 공동으로 지켜야 할 십계명

1. 남편이나 아내나 서로를 타인과 비교하지 말라.
2. 동시에 두 사람이 화를 내지 말라.
3. 만약 화가 난다면 큰 소리를 내지 말라.
4. 서로가 허물을 보지 말고, 실수를 말하지 말라.
5. 서로의 아픈 상처를 건드리지 말라.
6. 화가 난다고 각 방 쓰지 말고,
   화가 난 상태에서 침실에 들어가지 말라.
7. 서로를 있는 그대로 인정해 주라.
8. 갈등이 있어도 대화를 결코 포기하지 말라.
9. 서로에게 숨기지 말고, 정직하게 표현하라.
10. 부부는 하나님의 섭리로 만들어졌음을 기억하라.

현명한 남편 십계명

1. 아내에게 져주어라.
2. 아내편을 들어 주어라.
3. 살림살이를 도와 주어라.
4. 예쁘다고 자주 칭찬해 주어라.
5. 아내가 만든 음식을 맛있게 먹어라.
6. 남들 앞에서 아내 흉을 보지 마라.
7. 일주일에 한번 아내 대신 요리하라.
8. 결혼기념일, 생일을 꼭 챙겨라.
9. 함께 여행을 다녀라.
10. 아내와 함께 취미를 공유하라.

아내를 위한 무릎 기도문

나침반

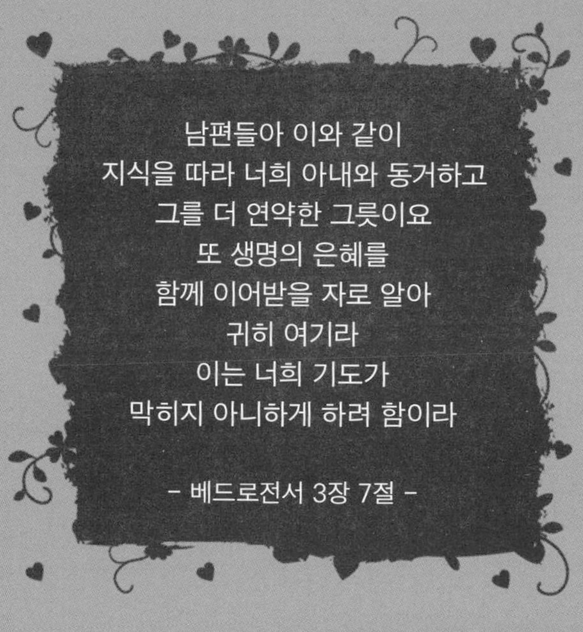

남편들아 이와 같이
지식을 따라 너희 아내와 동거하고
그를 더 연약한 그릇이요
또 생명의 은혜를
함께 이어받을 자로 알아
귀히 여기라
이는 너희 기도가
막히지 아니하게 하려 함이라

- 베드로전서 3장 7절 -

Contents_차례

1일

아내를
끝까지 지켜주는
남편 되게 하소서

세상을 보는 두 가지 방법 –
하나는 모든 만남을 우연으로 보는 것이고,
다른 하나는 모든 만남을 기적으로 보는 것이다.
-알베르트 아인슈타인-

남편을 위한 하나님의 말씀

"여호와 하나님께서 너를 지켜 모든 환난을 면하게 하시며 또 네 영혼을 지키시리로다"(시편 121:7)

"여호와 하나님은 나의 산업과 나의 잔의 소득이시니 나의 분깃을 지키시나이다 내게 줄로 재어 준 구역은 아름다운 곳에 있음이여 나의 기업이 실로 아름답도다"(시편 16:5,6)

"그리스도는 하나님의 집을 맡은 아들로서 그와 같이 하셨으니 우리가 소망의 확신과 자랑을 끝까지 굳게 잡고 있으면 우리는 그의 집이라"(히브리서 3:6)

우리를 죽기까지 사랑하신 주님의 은혜를 찬양합니다.

주님, 변함없는 사랑과 은혜로 제 아내와 함께 하실 것을 믿습니다.

언제나 눈동차처럼 제 아내를 지켜 주시고 주님의 날개 그늘에 숨겨 주옵소서(시 17:8참조).

우리를 사랑하시되 끝까지 사랑하신 주님의 행보를 저도 따르기를 원합니다.

살면서 어려운 상황이 닥칠지라도, 힘든 마음에 주저앉고 싶을지라도 피하지 않게 하시고, 성령으로 완전히 무장하고 아내와 가족을 안전하게 지켜주는 남편이 되게 하옵소서.

주님, 제가 충실한 남편의 역할을 믿음과 성실로 감당하게 하시고, 나의 목표와 삶이 내 개인의 것만이 아닌 아내와 동행하며 세워져 가는 삶이 되게 하옵소서. 그 삶을 살아가는 제 마음에 항상 기쁨이 있게 하옵소서.

주님, 제가 아내를 위해 가정에 평화로움을 선물하게 하소서.

주님과 더불어 저와 함께 나아가는 삶이 안전한 거처, 평온히 쉴 수 있는 곳이라는 감사가 아내의 기도 가운데 넘치게 하시기를 간구드립니다.

주님, 제가 살아가는 동안 아내에게 살아갈 힘을 주는 남편이 되기를 원합니다.

눈동자처럼 저를 지켜 주셔서 든든한 남편, 의지하고픈 남편 되도록 저의 삶을 주관하여 주옵소서.

우리를 보호하시는 예수님의 이름으로 기도합니다 아멘

2일

아내에 대한 사랑이 늘 새롭게 하소서

손을 잡으면 마음까지 따뜻해집니다.
누군가와 함께 가면
갈 길이 아무리 멀어도 갈 수 있습니다.
-편집부-

남편을 위한 하나님의 말씀

"하나님이 우리를 사랑하시는 사랑을 우리가 알고 믿
었노니 하나님은 사랑이시라 사랑 안에 거하는 자는
하나님 안에 거하고 하나님도 그의 안에 거하시느니
라"(요한1서 4:16)

"이와 같이 남편들도 자기 아내 사랑하기를 자기 자신
과 같이 할지니 자기 아내를 사랑하는 자는 자기를 사
랑하는 것이라"(에베소서 5:28)

"사랑 안에 두려움이 없고 온전한 사랑이 두려움을 내
쫓나니 두려움에는 형벌이 있음이라 두려워하는 자는
사랑 안에서 온전히 이루지 못하였느니라 우리가 사랑
함은 그가 먼저 우리를 사랑하셨음이라"(요한1서 4:18,19)

넘치는 사랑으로 우리와 함께 하시는 주님을 찬양합니다.

주님, 아내가 오늘도 주님의 사랑으로 인하여 행복한 하루가 되기를 소망합니다.

제가 순간순간 주어진 일에 마음이 바빠 아내를 잠시 잊고 있는 동안에도 사랑의 불씨는 꺼질 줄 모르기를 기도합니다.

견고한 사랑의 마음이 아내를 생각할 때마다 새록새록 떠올라 즐겁게 웃음 짓는 하루가 되도록 하옵소서.

제가 아내를 생각할 때마다 행복함이 가슴으로 흐르게 하시고, 잔잔한 감동이 떠날 줄 모르는 따뜻함을 간직하기를 원합니다.

주님께서 마음으로부터 샘 솟는 사랑을 주체할 수 없이 우리를 사랑하시는 것처럼, 저의 아내

를 향한 사랑의 열정도 식지 않도록 저의 눈과
마음을 새롭게 하여 주시기를 간구드립니다.

아내를 향하여 따뜻하고 부드러운 손길을 내어
주는 남편, 어떤 허물도 사랑의 힘으로 덮어 주
는 남편, 온 힘을 다해 곁에 있어주는 남편 되게
하옵소서.
**마음을 같이 하여 같은 사랑을 가지고 서로를 바
라보게 하시고,** 그리스도께서 교회를 사랑하시
고 그 교회를 위하여 자신을 주심같이(엡5:25)
제 자신을 아내를 위해 줄 수 있는 숭고한 사랑
을 하게 하옵소서.
아내를 봄 향기처럼 느끼고, 마주할 수 있다는
것만으로도 감격스러운 사랑을 하게 하옵소서.
진정한 사랑으로 함께 하시는 예수님의 이름으
로 간구합니다. 아멘.

3일

아내에게
말로 상처 주지
않게 하소서

인간은 입이 하나 귀가 둘이 있다.
이는 말하기보다 듣기를 두 배 더하라는 뜻이다.
- 탈무드-

남편을 위한 하나님의 말씀

"또 누구든지 말로 인자를 거역하면 사하심을 얻되 누구든지 말로 성령을 거역하면 이 세상과 오는 세상에서도 사하심을 얻지 못하리라"(마태복음 12:32)

"경우에 합당한 말은 아로새긴 은 쟁반에 금 사과니라 슬기로운 자의 책망은 청종하는 귀에 금 고리와 정금 장식이니라"(잠언 25:11,12)

"유순한 대답은 분노를 쉬게 하여도 과격한 말은 노를 격동하느니라 지혜 있는 자의 혀는 지식을 선히 베풀고 미련한 자의 입은 미련한 것을 쏟느니라"(잠언 15:1,2)

위로의 주님을 찬양합니다.

말씀으로 인도하시는 주님의 역사가 오늘도 제 아내에게 임하기를 간구합니다.

주님, 때때로 저는 깊이 생각하지 않고 말을 할 때가 있습니다.

주님, 제가 바른 말로 아내와 올바르게 소통하는 남편이 되게 하옵소서.

악한 말로 원망하지 않게 하시고, 자존감을 깍아내리는 언어폭력은 절대로 하지 않도록 하옵소서.

말로 어떻게 아내를 도와주어야 할지를 아는 지혜를 주시고, 화평하고 진실한 말로 아내의 마음을 기쁘게 하는 남편이 되기를 간구드립니다. "적당한 말로 대답함은 입맞춤과 같다"(잠 24:26)고 하신 주님의 말씀을 실천하게 하시고,

사랑의 언어, 칭찬의 언어, 아내를 존중하는 언어를 사용하도록 은혜를 베풀어 주옵소서.

하나님 앞에 스스로 겸비하여서 아내를 대할 때 주님의 사랑하는 딸임을 늘 잊지 않게 하옵시고, 말은 단순한 언어가 아니라 일종의 행동임을 자각하게 하옵소서.

주님, 그동안 아내가 저의 무지한 말로 인하여 상처를 받았다면 위로가 되는 말로 상처를 싸매는 남편이 되게 하시어 그 순간 아내에게 "드리운 달빛은 햇빛 같게 하시고 햇빛은 일곱 배가 되어 일곱 날의 빛과 같게"(사 30:26) 하옵소서.

우리를 끝까지 사랑하시는 예수님의 이름으로 기도합니다. 아멘

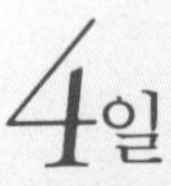

4일

아내를
있는 그대로 인정하는
남편 되게 하소서

행복이란 손 안에 있을 때는
언제나 작아 보이지만, 일단 잃어 버리고나면
이내 그것이 얼마나 크고 소중한 것인지 깨닫게 된다.
– 막심 고리키–

남편을 위한 하나님의 말씀

"너는 범사에 그를 인정하라 그리하면 네 길을 지도하시리라"(잠언 3:6)

"자랑하는 자는 주 안에서 자랑할지니라 옳다 인정함을 받는 자는 자기를 칭찬하는 자가 아니요 오직 주께서 칭찬하시는 자니라"(고린도후서 10:17,18)

"남편들아 아내 사랑하기를 그리스도께서 교회를 사랑하시고 그 교회를 위하여 자신을 주심 같이 하라"
(에베소서 5:25)

우리에게 가장 최상의 것으로 채워 주시는 하나님을 찬양합니다.

주님, 아내가 주님께서 주신 자신의 모습을 마음껏 펼치며 살 수 있도록 은혜를 베풀어 주옵소서.

자신의 역량이 빛나게 하시고, 장점은 최대한 부각되어 활력 있는 삶을 살 수 있도록 도우시기를 원합니다.

주님, 제가 아내의 모습을 온전히 발견하고 인정하고 존중해 주는 남편이기를 기도드립니다.

이해와 관계없이 아내의 모습의 전부를 받아들이게 하시고, 아내의 유익을 위해 무엇을 주어야 할지를 알게 하옵소서.

다름에 대한 인정이 상대방의 장점을 알아가는 첫걸음임을 알고, 이기심은 버리고 넓은 배려심으로 아내를 바라보게 하옵소서.

하나님께서는 너무도 연약하고 미련한 저를 택하여 허물을 덮으시고 사랑해 주셨습니다.
아내의 단점을 보기 전에 이런 저의 부족한 점을 생각하게 하시고, 아내가 저와 똑같아지기를 바라는 어리석은 생각을 하지 않도록 현명함을 주시기를 기도드립니다.

때때로 부부로서 갈등이 될 때가 있어도 주님께서 '주는 삶'을 사셨던 모습을 기억하게 하셔서 저의 길을 바르게 지도하여 주시옵소서.
자신을 버리고 죽기까지 우리를 사랑하신 주 예수님의 이름으로 기도합니다. 아멘

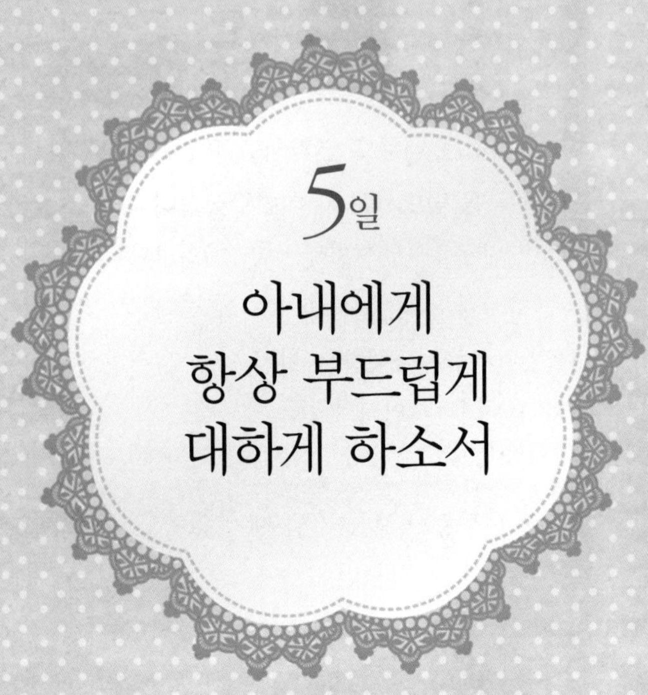
5일

아내에게
항상 부드럽게
대하게 하소서

성인은 끊임없이 자신을 돌이켜 반성하며
나날이 향상하는 사람이다
-다산어록-

남편을 위한 하나님의 말씀

"유순한 대답은 분노를 쉬게 하여도 과격한 말은 노를 격동하느니라"(잠언 15:1)

"남편들아 아내를 사랑하며 괴롭게 하지 말라"
(골로새서 3:19)

"분을 그치고 노를 버리며 불평하지 말라 오히려 악을 만들 뿐이라"(시편 37:8)

"보상을 얻으려고 친구를 비난하는 자는 그의 자손들의 눈이 멀게 되리라"(욥기 17:5)

아내 곁을 떠나지 않으시고 밝은 등불이 되셔서 인도하시는 주님을 찬양합니다.

주님, 때론 제 마음을 다스리지 못해 거칠고 퉁명스런 모습으로 아내에게 다가갈 때가 있습니다. 사소한 이유로 투덜거리거나 바깥일 때문에 아내의 마음을 불편하게 하는 남편이 되지 않도록 저를 다스려 주시기를 간구드립니다.

마음이 경건하지 아니한 자들의 분노(욥 36:13)를 쌓지 않게 하시며, 어려워도 참고, 불평하지 않게 하옵소서.

화난 어투로 아내를 대하지 않게 하시고, 빨래다 설거지다 젖은 손이 마를 날 없는 아내를 보듬어 주는 남편이 되게 하옵소서.

주변 모든 대적에게서 평온을 얻게 하였던 솔로

몬의 온순한 모습(대상 22:9참조)을 제가 본받게 하시고, 다정다감한 남편으로 아내에게 다가가도록 도와 주옵소서.

부드러운 말과 행동으로 위로하는 남편이 되게 하시고, 온유하고 무례히 행치 않는 사랑을 하게 하옵소서.

감정을 잘 다스려 긍정적인 남편의 모습으로 아내를 대하게 하옵소서.

제 아내를 허락하시고 함께 부부가 되어 살아가도록 은혜를 베푸신 주 예수님의 이름으로 기도합니다. 아멘

여자를 아는 것이란

여자에게 아첨하는 남자는
여자를 알지 못하는 사람이다.
여자를 모욕하는 남자는 더욱 여자를
알지 못하는 자이다.
-마담 드 사룸

실천 사항 점검

아내를 위해 기도한지 5일이 지났습니다.
남편으로서 기도와 함께 아내를 위해 실천한 사항이 있다면 적어
보고, 다음 5일 동안 실천하고 싶은 내용도 적어보세요.

횟수	날짜	실천하고 싶은 내용
회		
회		
회		
회		
회		
회		
회		
회		
회		
회		
회		
회		

6일

아내의 소중함을
알게 하소서

가장 소중한 것은 늘 가까이에 있다.
-편집부-

남편을 위한 하나님의 말씀

"이와 같이 남편들도 자기 아내 사랑하기를 자기 자신과 같이 할지니"(에베소서 5:28)

"각각 거룩함과 존귀함으로 자기의 아내 대할 줄을 알고"(데살로니가전서 4:4)

"여호와 하나님이 이르시되 사람이 혼자 사는 것이 좋지 아니하니 내가 그를 위하여 돕는 배필을 지으리라 하시니라"(창세기 2:18)

존귀하신 주님을 찬양합니다.

주님, 제 아내가 자신이 얼마나 귀한 존재인가를 알게 하여 주옵소서.

아내가 "주님과 사람 앞에서 은총과 귀중히 여김을 받게"(잠 3:4) 하시고, 오늘 나를 있게 해 준 사람이 아내임을 남편인 제가 늘 잊지 않게 하옵소서.

주님, 저에게 아내를 보내주셔서 진심으로 감사 드립니다.

아내를 만난 것은 마른땅에 촉촉이 적셔 오는 단비였습니다. 이 힘든 세상을 혼자 걷기에는 버거운 길이었는데, 아내와 함께 걸어갈 수 있어 따뜻하고, 포근하게 갈 수 있습니다.

힘든 고비가 올 때마다 아내의 사랑이 희망이 되고, 묵묵히 따라준 아내가 있어서 힘이 되고 위로가 됨을 되새기게 하옵소서.
주님, 주님께서 저에게 주신 배필이고, 그러기에 더욱 소중하고 아름다운 아내임을 고백합니다.

제 자신과 같이 아내를 사랑하고 존중하는 남편이 되도록 도우시고, 가치를 따질 수 없을 만큼 귀중한 아내를 성숙하고 진실한 마음으로 고백하는 남편이 되기를 간구드립니다.
소중한 아내를 배필로 허락하신 주 예수님의 이름으로 기도합니다. 아멘

7일

아내가
하나님의 도우심을
항상 느끼게 하소서

하나님은 우리들에게
이기기 어려운 고통을 주시면서까지
우리를 연단시키신다.
그것은 그만큼 사랑하시고 계시기 때문이다.
-편집부-

남편을 위한 하나님의 말씀

"내 영혼아 네가 어찌하여 낙심하며 어찌하여 내 속에서 불안해 하는가 너는 하나님께 소망을 두라 그가 나타나 도우심으로 말미암아 내가 여전히 찬송하리로다"(시편 42:5)

"하나님은 나를 돕는 이시며 주께서는 내 생명을 붙들어 주시는 이시니이다"(시편 54:4)

"천사가 하늘로부터 예수께 나타나 힘을 더하더라"
(누가복음 22:43)

"그러므로 우리는 긍휼하심을 받고 때를 따라 돕는 은혜를 얻기 위하여 은혜의 보좌 앞에 담대히 나아갈 것이니라"(히브리서 4:16)

항상 도우시는 손길로 우리와 함께 하시는 주님
을 찬양합니다.

주님, 아내가 하나님의 도우심이 필요로 할 때
미리 아시고 필요한 것을 채워 주옵소서.

언제나 아내의 편이 되어 주시고, 소망하는 모
든 일이 순조롭게 이루어지도록 날마다 때마다
형통으로 채워 주시기를 간구드립니다.

주님께서 주시는 복으로 날마다 웃음과 즐거움
이 충만하게 하시고, 하나님의 발자국 소리, 곁
에서 속삭이시는 음성으로 함께 하심을 체험하
는 아내가 되게 하옵소서.

"주님의 천사가 주를 경외하는 자를 둘러 진 치
고 그들을 건지"(시 34:7)신다고 하셨사오니, 주
님께서 아내 곁에 천사를 보내주셔서 보호하고

계심을 늘 믿으며 살게 하옵소서.

주님은 제 아내를 돕는 자가 되어 주시며, 생명까지도 붙들어 주시는 분이심을 믿습니다.

일상의 작은 일과 매일 지나치는 평범한 삶의 순간에도 주님께서 일일이 간섭하심을 아내가 느끼게 하여 주옵소서.

"주님은 나를 돕는 이시며 주께서는 내 생명을 붙들어 주시는 이시니이다"(시 54:4)는 다윗의 고백이 아내의 고백이 되게 하여 주옵소서.

주님의 손을 펴서 힘을 주시는 예수님의 이름으로 기도합니다. 아멘

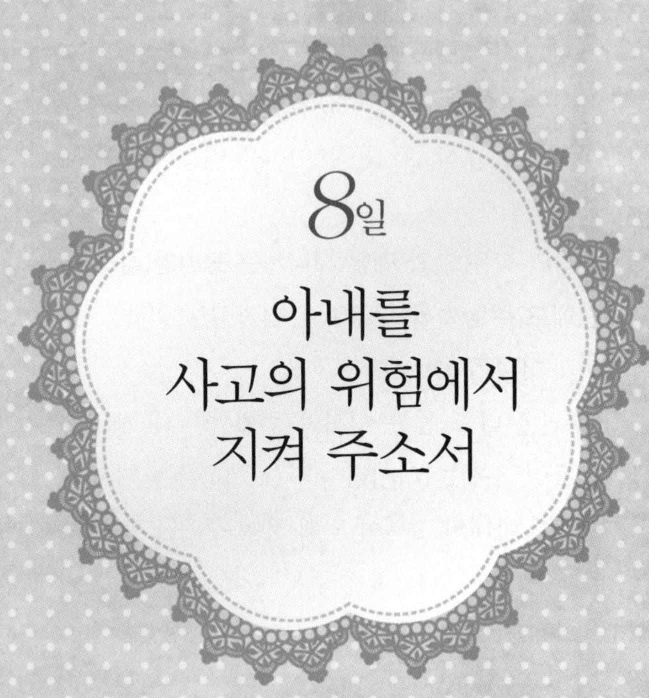

가정생활과 결혼생활에서
가장 소중하고 중요한 것은 인내이다.
-체호프-

남편을 위한 하나님의 말씀

"그가 너를 그의 깃으로 덮으시리니 네가 그의 날개 아래에 피하리로다 그의 진실함은 방패와 손 방패가 되시나니"(시편 91:4)

"여호와 하나님은 나의 힘과 나의 방패이시니 내 마음이 그를 의지하여 도움을 얻었도다"(시편 28:7)

"누가 우리를 그리스도의 사랑에서 끊으리요 환난이나 곤고나 박해나 기근이나 적신이나 위험이나 칼이랴"(로마서 8:35)

우리의 피난처이신 주님을 찬양합니다.

주님, 아내가 타인의 부주의로 인한 위험이나 자연재해 가운데 있지 않도록 먼저 피할 수 있는 시간과 환경을 허락하여 주시기를 기도합니다.

또한 아내의 눈과 발과 손이 되어주셔서 평생을 안전하게 지켜 주시옵소서.

주님을 경외하는 자에게 주님께서 친히 견고한 의뢰가 되어주시니, 기근이나 위험이나 곤고나 칼이라 할지라도 아내가 그리스도를 사랑하는 사랑에서 끊을 수 없을만큼 주님을 사랑하게 하옵소서.

"말씀을 보내어 고치시고 위험한 지경에서 건지신다"(시 107:20) 하셨사오니, 주의 말씀으로 늘 무장된 아내가 되게 하옵소서.

예기치 않은 사고나 위험 때문에 우리 부부가 마음 아픈 일은 절대 겪지 않도록 은혜를 베풀어 주옵소서.

곳곳에 산재해 있는 어떤 정신적, 육체적 위험한 상황이라도 피해 갈 수 있도록 주께서 아내에게 보호의 울타리가 되어 주시기를 기도드립니다. 우리를 사랑하시는 예수님의 이름으로 기도합니다. 아멘

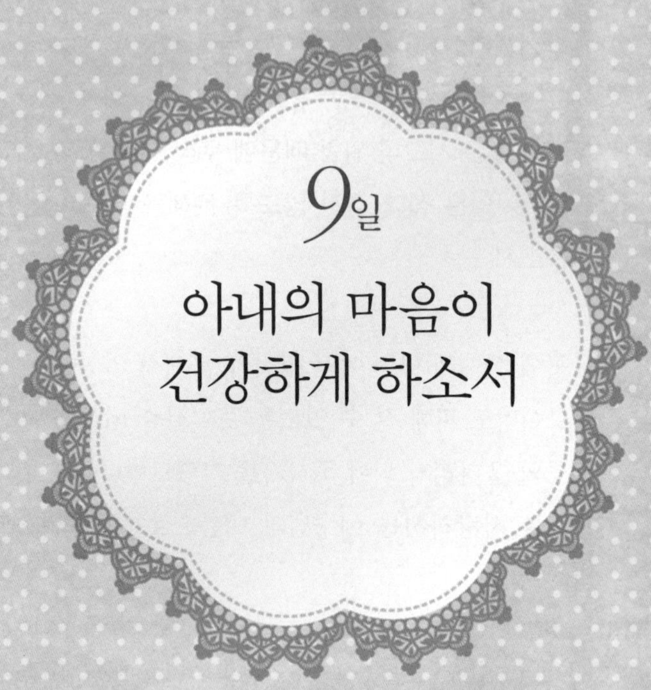

어리석은 자의 마음은 그 입 속에 있다.
그러나 착한 사람의 입은 그 마음 속에 있다.
-벤자민 프랭클린-

남편을 위한 하나님의 말씀

"여호와 하나님은 마음이 상한 자를 가까이 하시고 충심으로 통회하는 자를 구원하시는도다"(시편 34:18)

"그 잃어버린 자를 내가 찾으며 쫓기는 자를 내가 돌아오게 하며 상한 자를 내가 싸매 주며 병든 자를 내가 강하게 하려니와"(에스겔 34:16)

"마음의 고통은 자기가 알고 마음의 즐거움은 타인이 참여하지 못하느니라"(잠언 14:10)

"마음이 상한 자에게 노래하는 것은 추운 날에 옷을 벗음 같고 소다 위에 식초를 부음 같으니라"
(잠언 25:20)

우리를 강건하게 하시는 주님을 찬양합니다.
주님, 아내의 마음을 강하게 하여 주옵소서.
하나님의 영을 마음에 두게 하사 마음에 주신
지혜를 듣게 하시며, 사람의 작은 시야를 전체
로 착각하지 않게 하시고 하나님의 판단을 의지
하고 따르게 하옵소서.

**타인의 변덕과 기분에 감정적으로 흔들리지 않
게 하시며,** 주님의 관점에서 보기를 기도합니다.
모든 상황을 긍정적으로 생각하게 하시고, 아내
에게 적대감을 드러내는 사람이 없도록 하옵소
서.

주님, 아내가 자기만 아는 마음의 고통이 없게
하시고, 만약 있다면 주님께 의뢰하여 최선의
해결책을 주옵소서.

시시로 하나님을 의지하고 주님 앞에 마음을 보이면 그때마다 피난처가 되어 주옵소서.

주님, 아내의 마음이 언제나 부드럽고 따뜻한 솜과 같게 하시고, 추운 날에 옷을 벗음 같은 에이는 아픔은 평생에 찾아오지 않도록 하시기를 간구드립니다.

아내의 마음에 하나님의 법이 떠나지 않게 하사 아내의 발걸음이 실족함이 없도록 평탄하게 하여 주시고, 주님의 평강이 아내의 마음과 생각을 지키시기를 기도드립니다.
예수님의 이름으로 간구합니다. 아멘

10일

아내에게 근심과 불행한 마음이 찾아오지 않게 하소서

중요한 것은 사랑을 받는 것이 아니라
사랑을 주는 것이다.
-서머셋 모음-

남편을 위한 하나님의 말씀

"마음의 고통은 자기가 알고 마음의 즐거움은 타인이 참여하지 못하느니라"(잠언 14:10)

"그가 병들어 죽게 되었으나 하나님이 그를 긍휼히 여기셨고 그뿐 아니라 또 나를 긍휼히 여기사 내 근심 위에 근심을 면하게 하셨느니라"(빌립보서 2:27)

"하나님의 뜻대로 하는 근심은 후회할 것이 없는 구원에 이르게 하는 회개를 이루는 것이요 세상 근심은 사망을 이루는 것이니라"(고린도후서 7:10)

우리의 마음을 주장하시는 주님을 찬양합니다.

주님, 세상의 악한 영은 우리를 무너뜨리려고 호시탐탐 기회를 노리고 있습니다.

아내의 중심 가운데 주님이 항상 계셔서 세상의 근심이나 불행이 찾아오지 않도록 막아주시옵소서.

"세상 근심은 사망을 이루는 것"(고후 7:10)이오니 뼈를 마르게 하는 심령의 근심은 아내의 근처에도 오지 않게 하옵소서.

오직 믿음으로 근심을 물리치게 하시고 아내에게 근심이 찾아왔을 때 남편인 제가 빨리 알아서 선한 말로 아내의 마음을 즐겁게 해줄 수 있도록 인도하여 주옵소서.

또한 "명령을 지키는 자는 불행을 알지 못"(전 8:5)한다고 하셨사오니 아내가 주님께 순종하는 삶으로 행복감을 느끼게 하옵소서.

저는 아내의 불만과 허전함을 잘 관리해 주는 남편이 되게 하시고, 아내를 사랑으로 안아주는 남편이 되게 하옵소서.
저의 잘못으로 인하여 아내의 마음이 번거롭고 불행하지 않도록 도우시고, 제가 잘못했다면 곧 사과하는 용기도 허락하여 주옵소서.
아내를 긍휼히 여기시고 위로하시는 우리 주 예수님의 이름으로 기도합니다. 아멘

부부

진실로 결합된 부부에게는
젊음의 상실도 이미 불행이 아니다.
함께 늙는 즐거움이
노인이 되는 괴로움을 망각시켜 주기 때문이다.
-모로이

실천 사항 점검

아내를 위해 기도한지 10일이 지났습니다.
5일 동안 기도와 함께 실천한 내용과 이후 5일 동안 실천하고 싶은 내용을 적어보세요.

횟수	날짜	실천하고 싶은 내용
회		
회		
회		
회		
회		
회		
회		
회		
회		
회		
회		

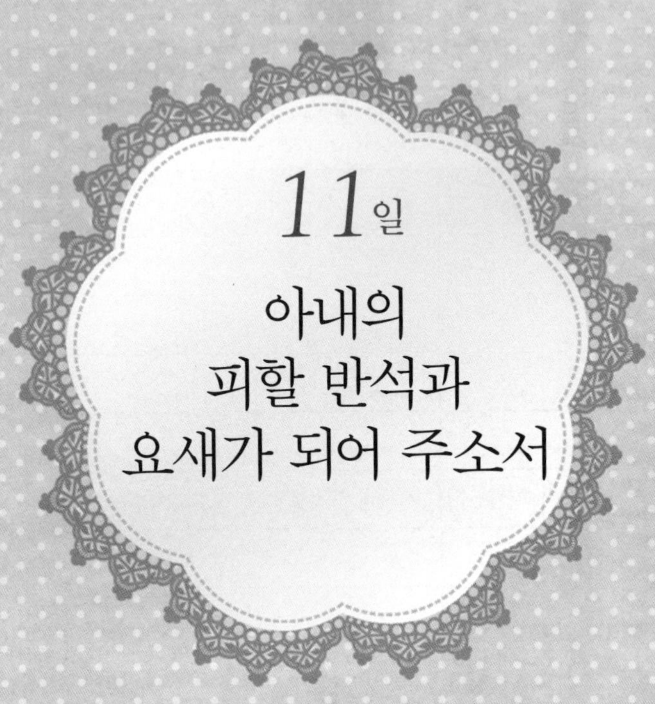

사랑이란 서로 마주보는 것이 아니라
둘이서 마주보는 것이라고 인생은 우리에게 가르쳐 주었다.
-생텍쥐베리-

남편을 위한 하나님의 말씀

"내가 피할 나의 반석의 하나님이시요 나의 방패시요 나의 구원의 뿔이시요 나의 높은 망대시요 그에게 피할 나의 피난처시요 나의 구원자시라 나를 폭력에서 구원하셨도다"(사무엘하 22:3)

"여호와 하나님은 압제를 당하는 자의 요새이시요 환난 때의 요새이시로다"(시편 9:9)

"그는 높은 곳에 거하리니 견고한 바위가 그의 요새가 되며 그의 양식은 공급되고 그의 물은 끊어지지 아니하리라"(이사야 33:16)

피할 반석과 요새가 되어 주시는 주님을 찬양합
니다.

주님, 담대하게 주님 앞에 나아가는 아내가 되
도록 도우시옵소서.

모든 것을 주님 앞에 내려놓고 부르짖게 하시고,
주님이 계시므로 세상의 두려움이 없게 하시고,
모든 것을 다 이루어 주시리라는 단단한 믿음
을 아내에게 허락하옵소서.

주님을 찾을 때마다 견고한 요새가 되어 주시고
안전한 곳으로 인도하여 주옵소서.

아내의 입술은 "오직 그만이 나의 반석이시요
나의 구원이시요 나의 요새이시니"(시 62:2)라
고 고백하게 하옵소서. 아내의 삶에 주님이 주
시는 물과 양식이 끊어지지 않게 하시며, 주님
때문에 힘을 얻으며 영광 돌리는 삶이 되게 하

옵소서.

**아내에게 이해가 안 되는 어려운 일이 닥쳐도 온
전히 주님만 의지하게 하시고, 주님은 아내의 그
늘이 되어 주시기를 간구드립니다.**
어떤 대적의 무리도 주님께서 물리쳐 주시고,
아내를 위해 마련하신 요새로 인도하여 주옵소
서.
예수님의 이름으로 기도합니다. 아멘

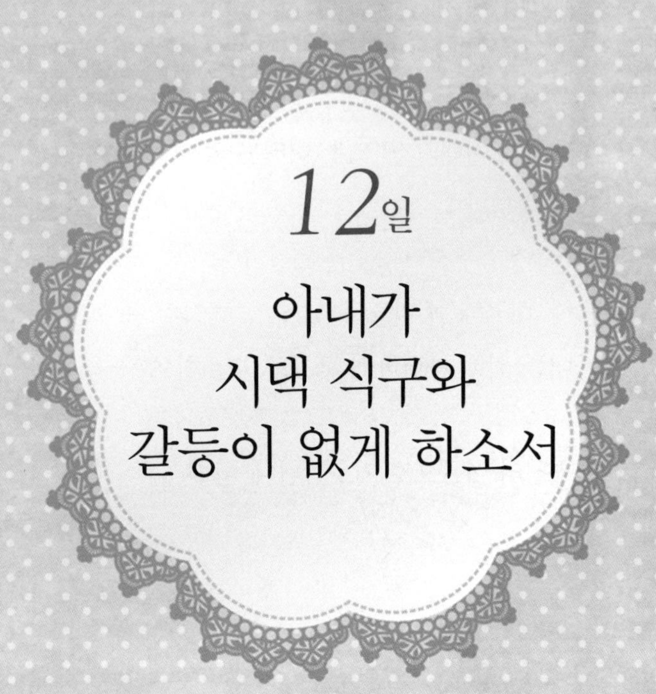

진정한 사랑은
영원히 자신을 성장시키는 경험이다.
-M 스캇 펙-

남편을 위한 하나님의 말씀

"모든 사람과 더불어 화평함과 거룩함을 따르라 이것
이 없이는 아무도 주를 보지 못하리라"(히브리서 12:14)

"화평하게 하는 자들은 화평으로 심어 의의 열매를 거
두느니라"(야고보서 3:18)

"악에서 떠나 선을 행하고 화평을 구하며 그것을 따르
라"(베드로전서 3:11)

"그러므로 우리가 화평의 일과 서로 덕을 세우는 일을
힘쓰나니"(로마서 14:19)

화평의 주님을 찬양합니다.

주님, 아내의 주변에 항상 따뜻함이 감돌게 하옵소서.

아내가 결혼해서 가족이 된 모든 사람들과 서로 잘 지낼 수 있기를 기도드립니다.

가족들은 아내를 이해하고 존중하며, 아내도 가족들을 공경하는 마음을 가져 서로 화평하게 하옵소서.

시부모와 사랑으로 서로를 감싸주고, 하나님 자녀로서 누리는 화평함을 누리게 하소서.

아내가 살아왔던 방식과 습관이 많이 달라서 더욱 받아들이기 어려운 부분이 있겠지만, 그럴 때마다 주님께서 아내의 마음을 어루만져 주옵소서.

롯이 시어미 나오미를 따랐던 믿음을 아내에게
도 허락하사 하나님이 원하시는 행복한 가정 이
룰 수 있도록 인도하여 주옵소서.
말과 행동 때문에 오해가 생기지 않게 하시고,
서로가 상대방의 입장에서 배려심을 가지고 대
할 수 있도록 도우시옵소서.

주님, 아내에게 "인애와 진리가 같이 만나고 의
와 화평이 서로 입맞추"(시 85:10)는 아름다운
가정을 지켜나가는 복을 내려 주옵소서.
예수님의 이름으로 기도합니다. 아멘

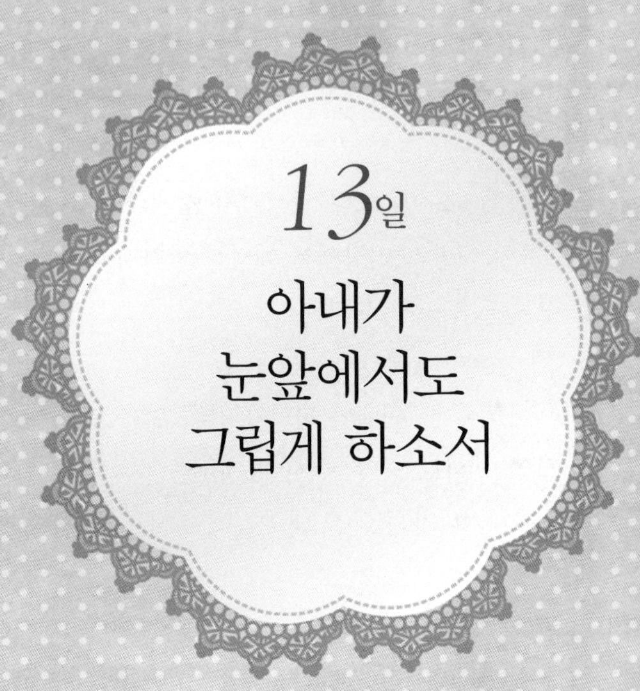

사랑 안에서 은혜로 자기 아내를 소중히 하는 형제는
분명히 좋은 남편이 될 것이다.
-갓 맨-

남편을 위한 하나님의 말씀

"입은 심히 달콤하니 그 전체가 사랑스럽구나… 딸들아 이는 내 사랑하는 자요 나의 친구로다"(아가서 5:16)

"나의 사랑하는 자야 너는 어여쁘고 화창하다 우리의 침상은 푸르고 우리 집은 백향목 들보, 잣나무 서까래로구나"(아가서 1:16,17)

"아내를 얻는 자는 복을 얻고 여호와 하나님께 은총을 받는 자니라"(잠언 18:22)

아름다운 은총을 베풀어 주시는 주님을 찬양합
니다.

주님, 아내에게 사랑의 향기가 넘치게 하옵소
서.

해가 거듭될수록 아름다움이 더하게 하시며, 매
력이 넘치게 하옵소서.

**저에게 아내의 특별한 매력을 발견할 수 있는 눈
과 마음을 주시고**, 장점이 더욱 부각될 수 있도
록 외조하는 남편 되게 하시기를 기도합니다.

주님의 품에서 나오는 따스함으로 다정한 아내
가 되게 하시고, 모든 여자 중에서도 가장 어여
쁜 제 아내의 모습을 제가 놓치지 않기를 기도
합니다.

매 순간마다 아내의 사랑이 내게로 오고, 내 사

랑은 아내에게 향하여 그리운 마음이 넘치게
하옵소서.

**달콤한 말로 아내에게 죽기까지 사랑의 고백을
하게 하옵소서.**

아내가 밝은 얼굴을 잃지 않도록 도우시고, 화
사한 웃음으로 서로에게 다가가게 하옵소서.
아내를 향한 사랑과 그리움이 제 안에 저절로
솟아나게 하시기를 간구합니다.
주 예수님의 이름으로 간구드립니다. 아멘

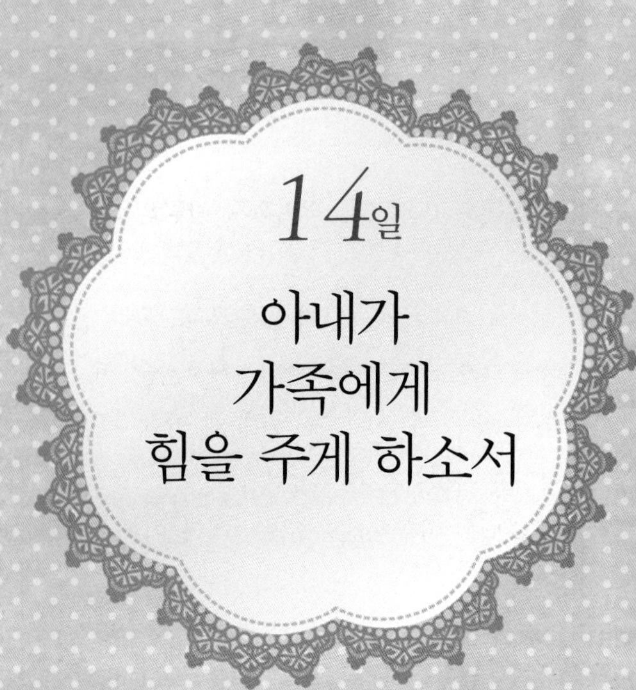

14일

아내가
가족에게
힘을 주게 하소서

누군가를 사랑한다는 것은
자신을 그와 동일시하는 것이다.
-아리스토텔레스-

남편을 위한 하나님의 말씀

"하나님은 나를 돕는 이시며 주께서는 내 생명을 붙들어 주시는 이시니이다"(시편 54:4)

"여호와 하나님이 이르시되 사람이 혼자 사는 것이 좋지 아니하니 내가 그를 위하여 돕는 배필을 지으리라 하시니라"(창세기 2:18)

"그 때에 주께서 환상 중에 주의 성도들에게 말씀하여 이르시기를 내가 능력 있는 용사에게는 돕는 힘을 더하며 백성 중에서 택함 받은 자를 높였으되"(시편 89:19)

힘과 위로가 되어 주시며, 간구할 때마다 우리의
기도를 들으시는 주님을 찬양합니다.

주님, 아내가 주님의 긍휼하심으로 힘을 얻게
하옵소서.

돕는 힘을 더하여 주셔서 가족을 위해 남편을
위해 지혜롭게 사용하게 하시고, 그 힘이 고갈되
지 않도록 에너지를 충전하여 주시기를 기도합
니다.

**격려와 칭찬으로 가족과 남편을 일으켜 세울 줄
알게 하시고,** 낙심한 자들을 위로하시는 하나님
의 능력을 아내에게도 더하여 주옵소서.

위로하여야 할 일은 위로하는 일로, 권면하여야
할 일은 권면하는 일로 가족의 에너지 공급처
가 되게 하여 주옵소서.

우리 부부도 브리스길라와 아굴라 부부처럼
주님을 잘 섬기는 부부가 되게 해주시고 아내는
특히 브리스길라처럼 주님을 위해 지혜로운 여
인이 되게 하옵소서
가족과 남편의 허물은 덮어주고 생각과 행동은
믿어주는 현명한 아내 되게 하시고, 해가 힘 있
게 돋움같은 용기를 주는 아내 되게 하옵소서.
주님이 주신 올바른 분별력으로 가정에서의 역
할을 잘 감당하게 하옵소서.
주 예수님의 이름으로 기도합니다. 아멘

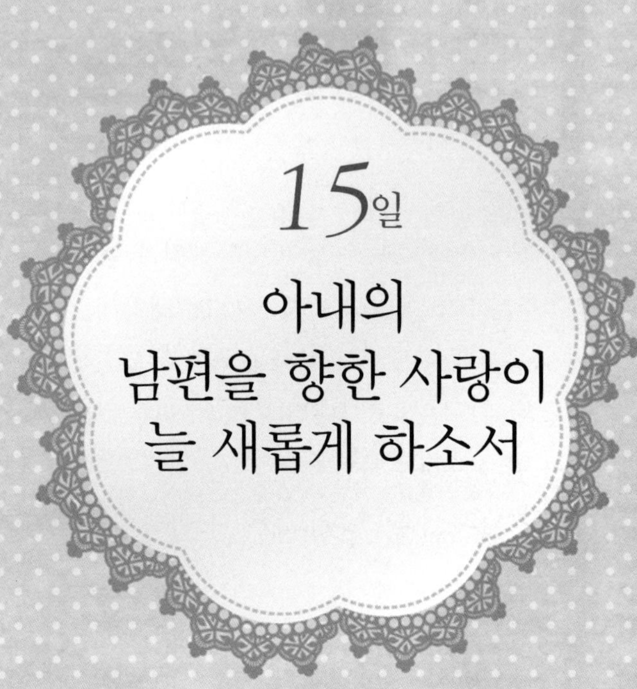

미숙한 사랑은 '당신이 필요해서 당신을 사랑한다'고 하지
만, 성숙한 사랑은 '사랑하니까 당신이 필요하다'고 한다.
-윈스턴 처칠-

남편을 위한 하나님의 말씀

"그들로 젊은 여자들을 교훈하되 그 남편과 자녀를 사랑하며"(디도서 2:4)

"내 언약을 깨뜨리지 아니하고 내 입술에서 낸 것은 변하지 아니하리로다"(시편 89:34)

"좋은 것으로 네 소원을 만족하게 하사 네 청춘을 독수리 같이 새롭게 하시는도다"(시편 103:5)

"사랑 안에 두려움이 없고 온전한 사랑이 두려움을 내쫓나니 두려움에는 형벌이 있음이라 두려워하는 자는 사랑 안에서 온전히 이루지 못하였느니라"(요한1서 4:18)

사랑으로 한 가정을 이루게 하신 주님을 찬양합
니다.
주님, 아내에게 남편인 저를 향한 사랑의 깊이가
날로 더하여 가게 하소서.
결혼 초 뜨거웠던 애정이 끝까지 변하지 않게
하시며, 시간이 가고 세월이 흘러도 새롭게 샘
솟는 사랑의 마음을 허락하여 주소서.
함께 하는 길이 때론 고단하고 현실의 벽에 부
딪혀 서로를 바라보지 않고 무심해진다 해도,
남편을 향한 사랑의 마음은 망각하지 않게 하
시기를 기도합니다.

성령의 새롭게 하심으로 우리의 믿음이 견고하
여지는 것처럼, 아내가 저에 대한 신뢰와 의지도
성령께 의지하게 하옵소서. 주님만이 참된 사랑
의 의미를 일깨워 주심을 알게 하옵소서.

우리의 사랑이 신뢰로, 존중으로 이어지게 하시
고, 주님의 은혜로 가정을 지켜 나가는 원동력
이 되게 하옵소서.

**서로에 대한 신뢰와 사랑에 금이 가지 않도록 주
변의 모든 상황으로부터 보호하여 주시고**, 극복
해 나갈 수 있는 여지를 남겨 주서서, 우리의 하
나의 사랑은 절대 둘이 될 수 없음을 주님께서
확인하여 주옵소서.
우리를 죽기까지 사랑하신 예수님의 이름으로
기도합니다. 아멘

LOVE

사랑 (LOVE) 은 명사가 아니라, 동사다.
사랑이 동사라는 것은 사랑이 한낱
감정에 귀속되는 것이 아니라
끊임없이 노력해야 쟁취할 수 있다는 의미다.
- 스티븐 코비 박사

실천 사항 점검

아내를 위해 기도한지 15일이 지났습니다.
5일 동안 기도와 함께 실천한 내용과 이후 5일 동안 실천하고 싶은 내용을 적어보세요.

횟수	날짜	실천하고 싶은 내용
회		
회		
회		
회		
회		
회		
회		
회		
회		
회		
회		
회		

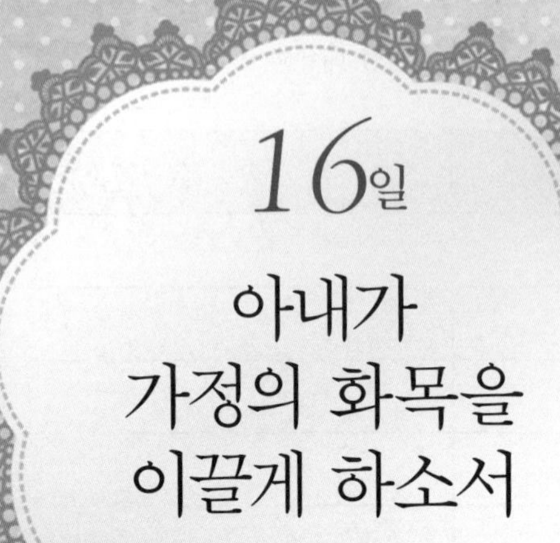

당신의 집에 사랑을 가져다 주어라.
가정이야말로 우리의 사랑이
시작되는 곳이어야 하기 때문이다.
-마더 테레사-

남편을 위한 하나님의 말씀

"사랑은 여기 있으니 우리가 하나님을 사랑한 것이 아니요 하나님이 우리를 사랑하사 우리 죄를 속하기 위하여 화목 제물로 그 아들을 보내셨음이라"
(요한1서 4:10)

"너희는 주 안에서 성도들의 합당한 예절로 그를 영접하고 무엇이든지 그에게 소용되는 바를 도와 줄지니"
(로마서 16:2)

"그들의 역사로 말미암아 사랑 안에서 가장 귀히 여기며 너희끼리 화목하라"(데살로니가전서 5:13)

복에 복을 더하시는 주님의 은혜를 찬양합니다.

주님, 아내가 있는 곳에 항상 웃음꽃이 피게 하소서.

아내로 말미암아 갈등도, 불편한 마음도 모두 사그라들게 하시고, 아내가 화목을 이끌어 가는 가정의 주축이 되게 하소서.

아내가 가족 간에 서로 아껴주고 양보하는 원인이 되게 하시고, 일체의 갈등 없이 평온한 가정의 중심에 아내가 있게 하옵소서.

우리 가정에 "인내와 위로의 하나님이 너희로 그리스도 예수를 본받아 서로 뜻이 같게"(롬 15:5)하여 주시기를 간구드립니다.

"그리스도로 말미암아 우리를 자기와 화목하게 하시고 또 우리에게 화목하게 하는 직분을 주셨"(고후 5:18)다고 하셨으니, 아내가 그 직분을 잘 감당하도록 도와 주시옵소서.

저 또한 아내의 직분 이행에 온전히 돕는 자가
되게 하사 우리 가정이 화목의 가정이 되어 미소
가 피어나게 하시고, 서로 뜻이 맞고 정다움이
넘치기를 기도합니다.
서로 합당한 예절로 대하게 하셔서 무엇이 서로
에게 필요한지를 잘 파악하는 지혜를 주시고,
아내의 가정을 섬기는 아름다운 행실이 모든 여
자보다 뛰어나게 하옵소서.
"너희 속에 소금을 두고 서로 화목하라"(막
9:50)하신 주님의 명령 앞에 한치의 소홀함이
없도록 지켜 주시기를 간구드립니다.
주 예수님의 이름으로 기도합니다. 아멘

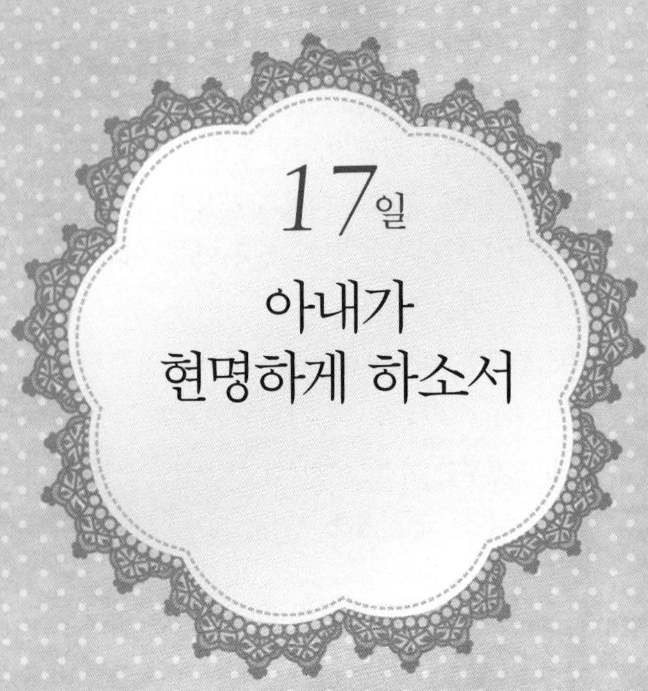

정열적인 사랑은 빨리 달아오른만큼 빨리 식는다.
은은한 정은 그보다 천천히 생기며,
헌신적인 마음은 그보다도 더디다.
-로버트 스턴버그-

남편을 위한 하나님의 말씀

"네 모든 자녀는 여호와 하나님의 교훈을 받을 것이니 네 자녀에게는 큰 평안이 있을 것이며"(이사야 54:13)

"내 아들아 네 아비의 훈계를 들으며 네 어미의 법을 떠나지 말라"(잠언 1:8)

"그러므로 어리석은 자가 되지 말고 오직 주의 뜻이 무엇인가 이해하라"(에베소서 5:17)

"지혜로운 자의 마음은 그의 입을 슬기롭게 하고 또 그의 입술에 지식을 더하느니라"(잠언 16:23)

지혜의 주님을 찬양합니다.

주님, 아내에게 하나님께서 주신 지혜들로 가득 차게 하소서.

믿음으로 살아가게 하셔서 올바른 판단으로 분별력 있게 하시고, 인생에서 버려야 할 것과 받아들여야 할 것을 온전히 구분할 줄 알게 아내가 되기를 기도합니다.

어리석음으로 제가 잘못 길을 걸어갈지라도 아내의 현명함으로 바로 잡을 수 있도록 도우시며, 행여 제가 잘못된 고집으로 아내의 현명함을 알아보지 못하는 일 없도록 도와 주옵소서.

아이를 위하여는 좋은 심리상태와 신앙 생활을 유지하게 하시며, 남편을 위하여는 여호와의 교훈을 받아 오직 주의 뜻이 무엇인가를 이해하여 전달할 수 있는 주님께서 칭찬하는 아내가 되게 하옵소서. 그리 할 때 저희 가정에 큰 평안 이 임할 것을 믿습니다.

사랑보다 더 큰 사랑으로 우리를 사랑하셨던 주 님의 길을 저와 아내가 잘 깨달아 따를 수 있도 록 매 순간마다 지켜 주시기를 기도드립니다. "옳다 인정함을 받는 자는 자기를 칭찬하는 자가 아니요 오직 주께서 칭찬하는 자"(고후 10:18)라고 하셨사오니 아내도 주님의 칭찬받는 자가 되도록 축복하여 주시옵소서. 오직 주님이 주신 하나님의 기업으로 선택된 복 을 아내에게도 허락하여 주옵소서. 우리 주 예수님의 이름으로 기도합니다. 아멘

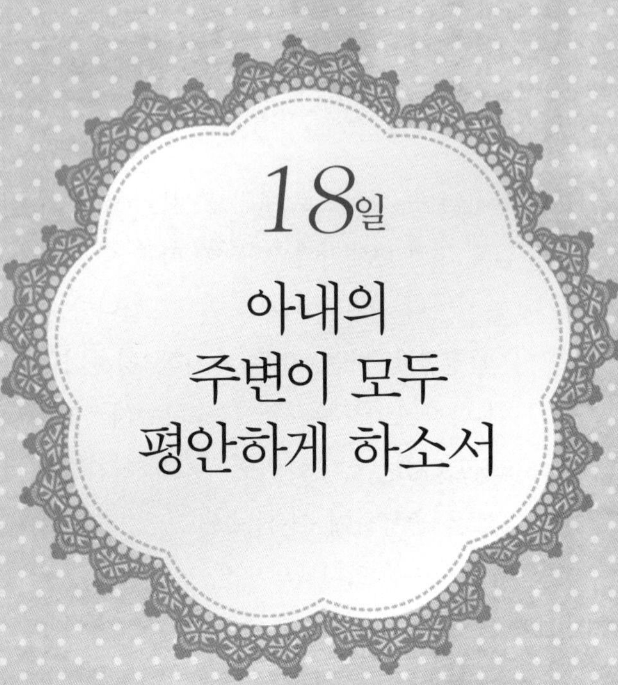

진리와 정의는 평화에 대한 필수불가결의 요소이며
평화를 지키는 가장 진실한 보호자가 된다.
-탈무드-

남편을 위한 하나님의 말씀

"너는 달려가서 그를 맞아 이르기를 너는 평안하냐 네 남편이 평안하냐 아이가 평안하냐 하라 하였더니 여인이 대답하되 평안하다 하고"(열왕기하 4:26)

"내가 내 형제와 친구를 위하여 이제 말하리니 네 가운데에 평안이 있을지어다"(시편 122:8)

"여호와 하나님께서 자기 백성에게 힘을 주심이여 여호와 하나님께서 자기 백성에게 평강의 복을 주시리로다"(시편 29:11)

"여드레를 지나서 제자들이 다시 집 안에 있을 때에 도마도 함께 있고 문들이 닫혔는데 예수께서 오사 가운데 서서 이르시되 너희에게 평강이 있을지어다 하시고"(요한복음 20:26)

평안을 베푸시는 주님을 찬양합니다.

주님, 아내의 모든 주변에 안전한 포구와 같은 울타리가 되어 주소서.

아내의 마음이 항상 평안함을 얻으며, 인생에 소용돌이치는 갈등과 아픔이 다가오지 않도록 하옵소서.

아내의 주변의 사람과 환경 모두 걱정이나 탈이 없이 무사하게 하시고, 마음의 공백상태가 없도록 모든 면에서 만족하게 하옵소서.

주님을 모시는 것이 진정한 기쁨과 평화를 유지하는 길임을 늘 명심하게 하시고, 주님만이 자기 자녀에게 힘을 주시고 평강의 복을 주심을 알게 하소서.

주님을 온전히 의지하는 자의 "영혼은 평안히 살고 그의 자손은 땅을 상속"(시 25:13)하신다는

말씀이 제 아내에게 적용되는 말씀이 되기를 간구드립니다.

행여 어려움을 만난 주변의 형제, 자매가 있을지라도 모든 해결책은 주님께 있음을 믿고 흔들리지 않는 견고한 믿음을 아내에게 주시기를 기도합니다.

순간순간 하나님이 주신 삶을 누리는 행복을 주시며, 그 삶을 같이 나누는 은혜도 누리게 하옵소서.

평안이라는 값진 진주가 아내의 마음에 품어져 이 세상 삶을 다하는 날까지 사라지지 않게 하시고, 굴곡 없는 삶이 되도록 주변 모두를 지켜 주시기를 다시 한 번 간구드립니다.

한 순간도 졸지 않으시고 우리를 지키시는 예수님의 이름으로 기도합니다. 아멘

19일

아내에게 영육간에 강건함을 주소서

남편을 위한 하나님의 말씀

"이르되 큰 은총을 받은 사람이여 두려워하지 말라 평안하라 강건하라 강건하라 그가 이같이 내게 말하매 내가 곧 힘이 나서 이르되"(다니엘 10:19)

"그가 그의 말씀을 보내어 그들을 고치시고 위험한 지경에서 건지시는도다"(시편 107:20)

"마침 그 때에 예수께서 질병과 고통과 및 악귀 들린 자를 많이 고치시며 또 많은 맹인을 보게 하신지라"
(누가복음 7:21)

우리를 강건케 하시는 주님을 찬양합니다.

주님, 아내에게 영육간의 강건함을 주시옵소서.
육신의 건강을 잃지 않게 아내의 세포 하나하
나 장기 한부분 한부분을 항상 어루만져 주셔
서 건강을 해치는 나쁜 영향을 받지 않도록 하
옵소서.
우리를 창조하시고 생명을 주신 주님의 은혜를
건강을 통해서 마음껏 찬양할 수 있는 복을 주
시기를 간구드립니다.

**하고 싶었던 일을 건강이 약해져 펼치지 못하는
일 없도록 도우시며,** 오히려 다른 이들을 도울
수 있는 힘을 아내에게 허락하여 주소서.
영혼의 건강도 주셔서 건강한 정신과 믿음으로
주님을 섬기게 하시며, 자신의 삶도 더욱 풍족
해질 수 있도록 인도해 주시길 간구드립니다.

주님, 아내에게 영육간의 강건함을 모두 주시기를 무릎 꿇어 간절히 기도합니다.

아내가 "주 안에서와 그 힘의 능력으로 강건하여"(엡 6:10)지게 하시며 "그의 영광의 풍성함을 따라 그의 성령으로 말미암아... 속사람을 능력으로 강건"(엡 3:16)하게 하시는 하나님의 은혜를 누리게 하옵소서.

온갖 질병과 병고의 위험에서 아내를 항상 지켜 주시기를 다시 한 번 간구드리며,
우리 주 예수님의 이름으로 간절히 기도합니다.
아멘

20일

아내가 속마음
털어놓을 수 있는
친구가 있게 주소서

진실한 친구는 가장 소중한 재산이다.
-편집부-

남편을 위한 하나님의 말씀

"사람이 친구를 위하여 자기 목숨을 버리면 이보다 더 큰 사랑이 없나니"(요한복음 15:13)

"너희가 한마음으로 서서 한 뜻으로 복음의 신앙을 위하여 협력하는 것과"(빌1:27)

"너희는 내가 명하는 대로 행하면 곧 나의 친구라" (요한복음 15:14)

"믿는 무리가 한마음과 한 뜻이 되어 모든 물건을 서로 통용하고 자기 재물을 조금이라도 자기 것이라 하는 이가 하나도 없더라"(사도행전 4:32)

영원한 동반자 되시는 주님을 찬양합니다.

주님, 아내에게도 주님께서 가장 친한 친구가 되어 주옵소서.

아내의 속마음을 미리 헤아려 주시고, 이해해 주셔서 아내의 갈급한 외로운 마음을 달래주옵소서.

아내가 주님을 찾을 때마다 귀를 기울여 주시고, 모든 답답한 심정이 주님으로부터 해결함을 받을 수 있기를 간절히 소망합니다.

가까이에 형제보다 친밀하며 끊이지 않는 사랑으로 함께 하는 친구를 붙여 주시옵소서.

그 친구를 통하여 주님께로부터 오는 지혜를 얻게 하시고, 위로를 얻게 하시고, 낙심하는 일이 있어도 금세 회복될 수 있게 하옵소서.

제가 남편으로서도 채울 수 없는 부분을 그 친

구가 채워줄 수 있도록 도와 주옵소서.

'마음이 정결하여 덕이 있는 자는 임금의 친구가 된다'(잠 22:11참조)고 하신 친구의 덕목을 가진 사람을 보내 주옵소서.

함께 기도하는 친구, 온유함이 있는 친구, 잘 들어주는 친구, 겸손한 친구를 주셔서 아내의 생활이 더욱 활력 있게 하옵소서.

"그리스도 예수의 마음"(빌 2:5)을 품어 같은 마음과 같은 뜻으로 마음이 통하는 좋은 친구를 얻게 하소서.

우리에게 가장 소중한 친구가 되어 주시는 주 예수님의 이름으로 기도합니다. 아멘

아내란

아내는
젊은 남자에게는 여주인이며,
중년 남자에게는 친구이고,
노년의 남자에게는 간호사다.
–베이컨

실천 사항 점검

아내를 위해 기도한지 20일이 지났습니다.
5일 동안 기도와 함께 실천한 내용과 이후 5일 동안 실천하고 싶은 내용을 적어보세요.

횟수	날짜	실천하고 싶은 내용
회		
회		
회		
회		
회		
회		
회		
회		
회		
회		
회		

21일

아내가
삶의 만족을
느끼게 하소서

행복한 공동체를 세울 수 있는 것은
'욕망과 충족'의 벽돌이 아니라
'나눔과 의미'의 기둥이다.
-작자 미상-

남편을 위한 하나님의 말씀

"그러나 자족하는 마음이 있으면 경건은 큰 이익이 되느니라"(디모데전서 6:6)

"여호와 하나님이 너를 항상 인도하여 메마른 곳에서도 네 영혼을 만족하게 하며 네 뼈를 견고하게 하리니 너는 물 댄 동산 같겠고 물이 끊어지지 아니하는 샘 같을 것이라"(이사야 58:11)

"내가 궁핍하므로 말하는 것이 아니니라 어떠한 형편에든지 나는 자족하기를 배웠노니"(빌립보서 4:11)

생사화복을 주장하시는 주님을 찬양합니다.

주님, 아내의 심령이 충만하게 하시고 허전함을 느끼지 않도록 은혜 베풀어 주옵소서.

소망하는 일과 응답받은 일 사이에서 불만족함을 느끼지 않게 하셔서 언제나 주님께서 가장 좋은 것으로 채워주심을 확신할 수 있기를 기도드립니다.

자족하는 마음으로 하루를 시작하고 마무리할 수 있도록 아내의 중심을 주장하여 주시옵소서.

비천한 가운데 있거나 풍족한 가운데 있거나 우리를 기억하시고 돌보시는 하나님을 바라보게 하시고, "우리의 만족은 오직 하나님께로부터"(고후 3:5) 난다는 사실을 믿음으로 받아들이게 하옵소서.

하나님을 온전히 믿음으로 의지하는 아내는 모든 것을 다 가진 사람임을 믿습니다.

아내가 "근심한 자 같으나 항상 기뻐하고 가난한 자 같으나 많은 사람을 부요하게 하고 아무것도 없는 자 같으나 모든 것을 가진 자"(고후 6:10)가 되게 하옵소서.

주님, 아내가 하나님께 끊임없이 감사하는 삶을 살게 하옵소서.

저와의 결혼생활에도 만족하게 하시고, 주어진 삶을 겸허하게 받아들이며, 하나님의 이름을 끊임없이 찬양하는 아내가 되기를 간구합니다.

"또 무엇을 하든지 말에나 일에나 다 주 예수의 이름으로 하고 그를 힘입어 하나님 아버지께 감사"(골 3:17)하는 아내가 되게 하옵소서.

예수님의 이름으로 감사하며 기도 합니다. 아멘

22일

아내가
어디가나
사랑받게 하소서

사랑 받으려면 나를 사랑하는 것처럼
다른 사람들도 사랑해야 합니다.
-제임스 리-

남편을 위한 하나님의 말씀

"예수는 지혜와 키가 자라가며 하나님과 사람에게 더욱 사랑스러워 가시더라"(누가복음 2:52)

"그러므로 사랑을 받는 자녀 같이 너희는 하나님을 본받는 자가 되고"(에베소서 5:1)

"그러므로 너희는 하나님이 택하사 거룩하고 사랑 받는 자처럼 긍휼과 자비와 겸손과 온유와 오래 참음을 옷 입고"(골로새서 3:12)

가장 필요한 것으로 채워 주시는 주님을 찬양합니다.

주님, 아내가 스스로 얼마나 아름다운 존재인지 느끼게 하옵소서.

아내의 머리 끝부터 발 끝까지 특별한 사랑스러움이 있음을 알고 자신의 장점을 숨기지 않기를 원합니다.

아내가 주님을 본받는 자가 되어 주님의 사랑을 듬뿍 받게 하여 주옵소서.

주님의 은혜로 항상 얼굴이 환하게 하시고, 부드럽게 하시고, 다른 이들에게 온유함을 전달하는 아내가 되게 하옵소서.

"인자와 진리가 네게서 떠나지 말게 하고 그것을 네 목에 매며 네 마음판에 새기라 그리하면 네가 하나님과 사람 앞에서 은총과 귀중히 여

김을 받으리라"(잠 3:1-3)는 말씀이 아내에게
적용되게 하옵소서.

**주님의 말씀으로 인도함 받고 주님의 모습을 닮
아 어디가나 존귀함 받는 아내 되도록** 은총을 베
풀어 주시기를 간구드립니다.
어느 모임이든 아내가 속해 있는 곳이면 아내로
인해 활력이 넘치게 하시고, 필요로 하는 사람
이 되어 많은 이들에게 도움을 주는 아내 되게
하옵소서.
아내가 "하나님이 택하사 거룩하고 사랑 받는
자"(골 3:12)가 되게 하여 주심을 감사합니다.
사랑하는 예수님의 이름으로 기도 합니다. 아멘

23일

아내가
가정을 위협하는 것에
잘 대처하게
하소서

하나님과 계속 대화를 나누려면
마음 속이 텅 비어 있어야 한다.
하나님은 오직 마음을 소유하실 것이기 때문이다"
-로렌스 형제-

남편을 위한 하나님의 말씀

"경건의 모양은 있으나 경건의 능력은 부인하니 이같은 자들에게서 네가 돌아서라"(디모데후서 3:5)

"우리를 양육하시되 경건하지 않은 것과 이 세상 정욕을 다 버리고 신중함과 의로움과 경건함으로 이 세상에 살고"(디도서 2:12)

"망령되고 허탄한 신화를 버리고 경건에 이르도록 네 자신을 연단하라"(디모데전서 4:7)

"나는 경건하오니 내 영혼을 보존하소서 내 주 하나님이여 주를 의지하는 종을 구원하소서"(시편 86:2)

항상 보호의 손길로 지켜 주시는 주님을 찬양합니다.

주님, 오늘도 우리 가정이 주님의 영향 아래에만 있기를 기도드립니다.

호시탐탐 주님의 자녀들을 넘어뜨리기 위해 기회를 노리는 악한 영들의 접근으로부터 우리 가정을 보호해 주옵소서.

주님, 아내에게 영적 지혜를 주셔서 우리 가정 안에 주님이 싫어하시는 모습들이 발견되거든 즉시 대처할 수 있는 무장된 믿음을 주옵소서. 불의를 행하고 속이는 영이 틈타지 않도록 우리 가정을 지키시고, 아내에게 올바른 영적 분별력으로 주님의 선한 길을 따르는 능력을 허락하여 주옵소서.

주님, 우리 가족에게 경건하지 못한 모습이 권세를 잡지 않도록 인도하여 주옵소서.

아이들과 남편인 제가 주님이 싫어하시는 선택이나 행동을 하지 않도록 아내가 즉시 발견하고 충고하며 바로잡을 수 있도록 깨어 있는 아내 되게 하옵소서.

"망령되고 허탄한 신화를 버리고 경건에 이르도록"(딤전 4:7) 아내와 저를 연단시켜 주옵소서. "경건을 이익의 방도로 생각하는 자의 다툼이"(딤전 6:5) 일어나지 않도록 마음이 부패하여지거나 진리를 잃어버리지 않도록 항상 아내를 지켜 주시옵소서.

함께 하시는 우리 주 예수님의 이름으로 기도합니다. 아멘

24일

아내가
주님께 맡기는 삶을
살게 하소서

염려는 주님과 나의 마음이
연합되지 못한 분리되어진 차원이다.
-편집부-

남편을 위한 하나님의 말씀

"그 때에 너희가 돌아와서 의인과 악인을 분별하고 하나님을 섬기는 자와 섬기지 아니하는 자를 분별하리라"(말라기 3:18)

"네 길을 여호와 하나님께 맡기라 그를 의지하면 그가 이루시고 네 의를 빛 같이 나타내시며 네 공의를 정오의 빛 같이 하시리로다"(시편 37:5,6)

"너희 염려를 다 주께 맡기라 이는 그가 너희를 돌보심이라"(베드로전서 5:7)

"네 짐을 여호와께 맡기라 그가 너를 붙드시고 의인의 요동함을 영원히 허락하지 아니하시리로다"(시편 55:22)

우리의 모든 기도를 들으시고 응답하시는 주님을 찬양합니다.

주님, 아내가 주님의 응답을 기다리지 않고 스스로 해결하려는 지혜롭지 못한 생각을 하지 않도록 도우시옵소서.

주님은 우리의 삶의 주관자이시며 해결사이십니다. 아내가 이 사실을 인지하도록 인도하시기를 간구합니다.

"사람이 마음으로 자기의 길을 계획할지라도 그의 걸음을 인도하시는 이는 하나님"(잠 16:9)이시며, "하나님께서 집을 세우지 아니하시면 세우는 자의 수고가 헛되며 하나님께서 성을 지키지 아니하시면 파수꾼의 깨어 있음"(시 127:1)이 소용없음을 기억하게 하옵소서.

모든 일을 실행할 때 주님이 허락하신 범위 내에서 움직이게 하시고, 맡기며 담대히 나아가는 삶이 되도록 주관하여 주옵소서.
사사로운 일에 얽매이지 않고, 염려도 경영하는 것도 모두 주인이신 아버지 주님께 올려 드리고, 통치하시고 다스리시는 주님께 인생의 전부를 맡겨드리게 하옵소서.

주님, 아내가 염려는 아무것도 해결할 수 없음을 알게 하소서.
먼저 주님의 나라와 의를 구하는 복된 삶을 허락하시고, 채워 주시는 주님을 의지하는 참된 '믿음'의 길을 갈 수 있도록 하옵소서.
예수님의 이름으로 기도 합니다. 아멘

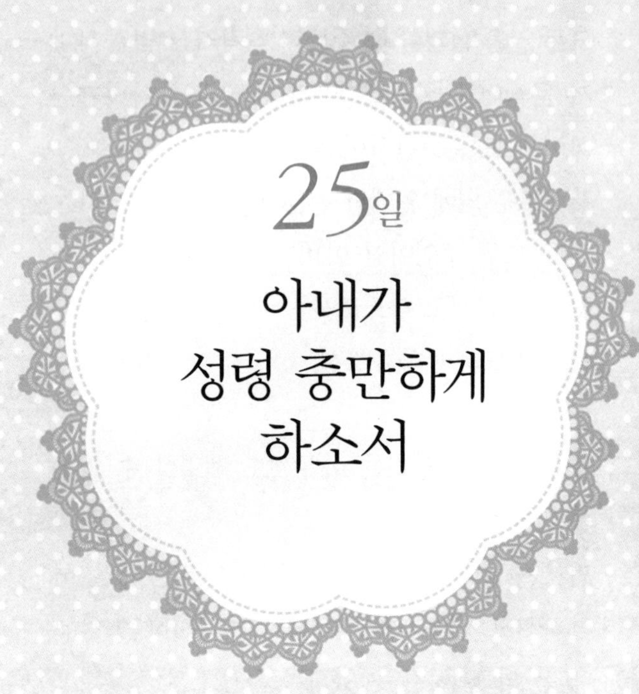

우리가 하나님의 복을 삶의 궁극적인 가치로 추구할 때,
우리는 그분의 뜻과 능력과 우리를 향한
목적의 강에 전적으로 우리 자신을 던져 넣고 있는 것이다.
-윌킨슨-

남편을 위한 하나님의 말씀

"소망의 하나님이 모든 기쁨과 평강을 믿음 안에서 너
희에게 충만하게 하사 성령의 능력으로 소망이 넘치게
하시기를 원하노라"(로마서 15:13)

"우리가 세상의 영을 받지 아니하고 오직 하나님으로
부터 온 영을 받았으니 이는 우리로 하여금 하나님께
서 우리에게 은혜로 주신 것들을 알게 하려 하심이라"
(고린도전서 2:12)

"술 취하지 말라 이는 방탕한 것이니 오직 성령으로
충만함을 받으라"(에베소서 5:18)

언제나 함께 하시는 주님을 찬양합니다.

주님, 아내에게 주님의 충만한 영으로 가득하게 하소서.

영혼의 샘이 마르지 않게 하시고, 마른 땅도 적실 수 있는 넘치는 충만함을 허락하소서.

"성령으로 믿음을 따라 의의 소망을"(갈 5:5) 기다리는 아내가 되게 하시고, 지혜와 지식과 총명이 하나님의 영으로 넘치게 하소서.

먹을 때나 마실 때나 무엇을 하든지 오직 주님의 영으로 인도하심 받게 하셔서 주님의 의와 평강과 희락이 아내의 삶을 주관하기를 기도드립니다.

"육체의 소욕은 성령을 거스르고 성령은 육체를 거스른다"(갈 5:17) 하셨사오니 아내가 육신의 썩어질 욕심을 따라 행하지 않고 영생을 거

두는 성령님의 인도하심을 온전히 따를 수 있도록 강권하여 주시기를 간구드립니다.

아내의 중심에 육신의 소욕과 성령의 인도하심이 서로 갈등하지 않게 하시고, 육신의 생각 때문에 성령님의 음성을 지나치지 않도록 보호하여 주옵소서.

주님, 아내는 연약한 여자이지만 성령충만한 주님의 딸로서는 누구보다 강한 사람이 되게 하옵소서.

성령님을 보내주셔서 지금도 우리를 다스리시는 주 예수님의 이름으로 기도 합니다. 아멘

성공한 결혼

결혼에서의 성공이란
단순히 올바른 상대를 찾음으로써
오는 것이 아니라
올바른 상대가 됨으로써 온다.
-브리크너

실천 사항 점검

아내를 위해 기도한지 25일이 지났습니다.
5일 동안 기도와 함께 실천한 내용과 이후 5일 동안 실천하고 싶은 내용을 적어보세요.

횟수	날짜	실천하고 싶은 내용
회		
회		
회		
회		
회		
회		
회		
회		
회		
회		
회		
회		

26일

아내가
하나님께
기쁨이 되게 하소서

서로 나눈 기쁨은 두 배나 더 기쁘고
서로 나눈 슬픔은 절반밖에 슬프지 않다.
-스웨덴 속담-

남편을 위한 하나님의 말씀

"이로써 그리스도를 섬기는 자는 하나님을 기쁘시게 하며 사람에게도 칭찬을 받느니라"(로마서 14:18)

"그러므로 우리가 흔들리지 않는 나라를 받았은즉 은혜를 받자 이로 말미암아 경건함과 두려움으로 하나님을 기쁘시게 섬길지니"(히브리서 12:28)

"여호와 하나님께 구속 받은 자들이 돌아와 노래하며 시온으로 돌아오니 영원한 기쁨이 그들의 머리 위에 있고 슬픔과 탄식이 달아나리이다"(이사야 51:11)

"또 여호와를 기뻐하라 그가 네 마음의 소원을 네게 이루어 주시리로다"(시편 37:4)

찬양을 받기에 합당하신 주님을 찬양합니다.

주님, 아내가 주님의 겸손과 사랑을 본받는 사람 되게 하소서.

일시적인 사람의 만족을 추구하지 않게 하시고, 주님께로부터 오는 영원한 기쁨으로 가득하게 하소서.

공의로 자신을 주님께 드리므로 기쁨이 되게 하시고, 주님의 사랑을 실천하므로 은혜를 누리게 하소서.

끊임없는 한숨과 후회 뿐인 하나님 없는 인생을 살지 않도록 순간순간 붙들어 주옵소서.

주님, 아내가 주님 오실 때 자랑의 면류관이 되게 하소서.

주님의 영원한 축복이 아내의 머리 위에 있어 슬픔과 탄식은 달아나게 하시고, 근심이 오히려 기쁨이 되는 삶을 살게 하여 주옵소서.

**주님을 사랑하고 순종하는 아내의 모습을 하나
님께서 기뻐 받으시옵소서.**

주님의 명령을 따르고 말씀을 묵상하며 실천하
는 아내 되게 하시고, 십자가를 참으사 부끄러
움을 개의치 아니 하신 예수님만 온전히 바라
보게 하옵소서.

사랑 많으신 예수님의 이름으로 기도 합니다.
아멘

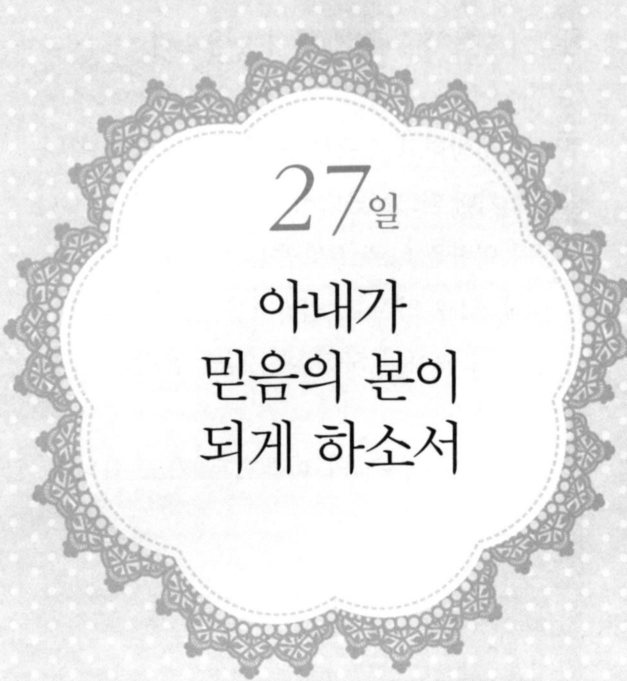

신령한 세계에서 기도는
흑암의 왕국의 토대를 흔들고 사람들의 마음을 움직이며
하나님의 뜻을 이루어 내는 원동력이다.
-A.B. 심슨-

남편을 위한 하나님의 말씀

"네가 이것으로 형제를 깨우치면 그리스도 예수의 좋은 일꾼이 되어 믿음의 말씀과 네가 따르는 좋은 교훈으로 양육을 받으리라"(디모데전서 4:6)

"너희 믿음의 확실함은 불로 연단하여도 없어질 금보다 더 귀하여 예수 그리스도께서 나타나실 때에 칭찬과 영광과 존귀를 얻게 할 것이니라"(베드로전서 1:7)

"어떤 사람은 말하기를 너는 믿음이 있고 나는 행함이 있으니 행함이 없는 네 믿음을 내게 보이라 나는 행함으로 내 믿음을 네게 보이리라"(야고보서 2:18)

우리를 강건하게 하시는 주님을 찬양합니다.

주님, 아내의 삶 속에서 주님의 은혜의 흔적이 나타나게 하옵소서.

아내가 만나는 사람마다 아내의 모습을 닮고 싶을 만큼 주님의 성품과 삶이 드러나게 하옵소서.

세상을 어지럽히는 많은 유혹들에 조금도 흔들리지 않고 아내가 오직 믿음의 길만을 걸어가게 하옵소서.

아내의 "믿음의 역사와 사랑의 수고와 우리 주 예수 그리스도에 대한 소망의 인내"(살전 1:3)가 주님 앞에 반드시 기억되게 하옵소서.

믿음은 사람의 지혜가 아니고 주님의 능력이오니, 아내의 중심에 주님께서 항상 좌정하셔서 아내를 통치하여 주시기를 간구드립니다.

아내가 믿음으로 행하는 모습을 통하여 많은 사람이 본받고 싶게 하시고, 아내의 영향력으로 말미암아 주변이 주님의 모습으로 변화되어 가는 놀라운 은혜를 베풀어 주옵소서.
주님, 아내가 행함이 있는 믿음으로 살아가게 하옵소서.

믿음의 선한 싸움을 싸우고 소망의 증거를 잡으며, 영생을 전파하는 주님의 귀한 딸이 되기를 간절히 기도드립니다.
아내를 인도하시는 주님님께 영광 돌리며, 주 예수님의 이름으로 기도 합니다. 아멘

28일

아내가
섬기는 삶을
살게 하소서

우리가 높아지면 그가 낮추시고,
우리가 낮아지면 그가 높이신다.
-편집부-

남편을 위한 하나님의 말씀

"이로써 그리스도를 섬기는 자는 하나님을 기쁘시게 하며 사람에게도 칭찬을 받느니라"(로마서 14:18)

"내가 밤낮 간구하는 가운데 쉬지 않고 너를 생각하여 청결한 양심으로 조상적부터 섬겨 오는 하나님께 감사하고"(디모데후서 1:3)

"인자가 온 것은 섬김을 받으려 함이 아니라 도리어 섬기려 하고 자기 목숨을 많은 사람의 대속물로 주려 함이니라"(마태복음 20:28)

섬김의 본을 보이신 주님을 찬양합니다.

주님, 아내에게 평생에 선하심과 인자하심으로 함께 하여 주옵소서.

아내가 더 많이 사랑하기 위해 애쓰고 덕을 끼치는 삶을 살기 위해 열심이게 하옵소서.

누릴 수 있는 많은 권리들이 있겠지만, 주님을 위해서라면 기꺼이 포기할 수 있는 욕심 없는 마음을 허락하옵소서.

주님, 아내에게 올바른 섬김의 삶을 살게 하소서.

주님으로부터 주어진 명령을 다 행하고 나서도 마땅히 할 일을 했을 뿐이라는 낮은 자세를 가지기를 원합니다.

주님께서 아내를 구원하여 주신 목적대로 아내가 주님을 잘 섬기고 있는지 스스로 돌아보게 하

시고, 긍휼히 여기는 마음도 허락하사 참 마음
과 순전한 사랑으로 주님을 아름답게 섬기는 아
내가 되기를 기도합니다.

주님, 아내가 부지런하여 게으르지 말고(롬
12:11) 기쁨으로(시 100:2) 주님를 경외함으로
섬기고 떨며 즐거워(시 2:11)하게 하옵소서.
주님께서 아내의 섬김을 기뻐 받아 주옵소서.
우리 주 예수님의 이름으로 기도 합니다. 아멘

29일

아내에게
지혜와 분별력을
주소서

나의 정의는 심판을 요구하지만,
나의 사랑은 용서를 원한다.
-쉬츠-

남편을 위한 하나님의 말씀

"지혜 있는 자는 궁창의 빛과 같이 빛날 것이요 많은 사람을 옳은 데로 돌아오게 한 자는 별과 같이 영원토록 빛나리라"(다니엘 12:3)

"만일 내가 판단하여도 내 판단이 참되니 이는 내가 혼자 있는 것이 아니요 나를 보내신 이가 나와 함께 계심이라"(요한복음 8:16)

"그러나 우리가 온전한 자들 중에서는 지혜를 말하노니 이는 이 세상의 지혜가 아니요 또 이 세상에서 없어질 통치자들의 지혜도 아니요 오직 은밀한 가운데 있는 하나님의 지혜를 말하는 것으로서 곧 감추어졌던 것인데 하나님이 우리의 영광을 위하여 만세 전에 미리 정하신 것이라"(고린도전서 2:6,7)

지혜의 주님을 찬양합니다.

주님, 아내가 가치 있는 삶을 살기 위한 판단을 하게 하소서.

사람을 공의롭게 판단하시는 주님을 붙잡고 세상의 기준을 오직 살아계신 그리스도의 영으로 바라보게 하소서.

주님, 아내가 외모와 물질의 가치와 주님 나라의 중요한 가치를 혼돈하지 않도록 붙들어 주옵소서. 헤아리지 못하는 주님의 지혜와 지식의 풍성함을 따라 살아가게 하소서

아내가 어떻게 행해야 할지 기로에 서 있을 때 "자세히 주의하여 지혜 없는 자같이 하지 말고"(엡 5:15) "궁창의 빛과 같이 빛나고 많은 사람을 옳은 데로 돌아오게 하는 지혜 있는 자"(단

12:3참조)와 같이 선택하게 하옵소서.

**주님, 아내가 정의를 말해야 할 때와 올바르게
판결해야 할 때** 잠잠하지 않도록 순간순간 진주
보다 귀한 지혜를 공급하여 주옵소서.
이 순간 아내에게 "지혜를 버리지 말라 그가 너
를 보호하리라 그를 사랑하리라 그가 너를 지
키리라"(잠 4:6) 이 말씀을 선포하여 주옵소서.

아내에게 이 세상에서 없어질 통치자들의 지혜
가 아닌 은밀한 가운데 있는 하나님의 지혜로
덧입혀 주옵소서.
예수님의 이름으로 기도 합니다. 아멘

30일

아내가 베푸는 삶을 살게 하소서

그리스도의 이름으로 드린 기도는
그분의 본성과 그분의 목적, 그분의 뜻에 의해서
검증되고 성화된다.
-사무엘 체드윅-

남편을 위한 하나님의 말씀

"여호와 하나님이시여 주는 겸손한 자의 소원을 들으셨사오니 그들의 마음을 준비하시며 귀를 기울여 들으시고, 고아와 압제 당하는 자를 위하여 심판하사 세상에 속한 자가 다시는 위협하지 못하게 하시리이다"
(시편 10:17,18)

"가난한 자와 고아를 위하여 판단하며 곤란한 자와 빈궁한 자에게 공의를 베풀지며, 가난한 자와 궁핍한 자를 구원하여 악인들의 손에서 건질지니라 하시는도다"(시편 82:3,4)

"오직 선을 행함과 서로 나눠 주기를 잊지 말라 이같은 제사는 하나님이 기뻐하시느니라"(히13:16)

자신을 아낌없이 내어주신 주님을 찬양합니다.

주님, 주님께서 자신을 아낌없이 내어주셨던 것처럼 아내도 "정결하고 더러움이 없는 경건으로"(약 1:27) 이웃을 돌아보게 하옵소서.

베풂은 축복을 통로이며, 풍성한 삶으로 인도하는 길임을 믿습니다.

주님, 아내의 마음을 항상 여유롭게 하셔서 자신만 향하여 보지 않게 하옵소서.

"오직 선을 행함과 서로 나눠 주기를 잊지 말라"(히 13:16)고 하신 주님의 명령을 지켜 하늘의 상급을 쌓는 아내가 되게 하옵소서.

"가난한 자를 진토에서 일으키시며 빈궁한 자를 거름더미에서 올리사 귀족들과 함께 앉게"(삼상 2:8)하시는 주님의 의를 따르게 하시고, 주님의 선하신 뜻으로 땅의 기둥을 세우는 아내가 되게 하옵소서.

주님, 아내에게 이웃에게 베풀 힘이 항상 남아있게 하옵소서.

자신도 가누기 힘들 만큼의 삶의 고통이 찾아오지 않게 하시고, 다른 곳을 볼 수 없을 정도의 심적인 어려움도 겪지 않게 하소서. 나보다 못한 사람의 마음을 헤아릴 줄 알게 하시고, 작은 것에서 출발하여 큰 것을 이루는 아내 되게 하옵소서.

주 예수님의 이름으로 기도 합니다. 아멘

불화의 씨앗

가족관계의 함정은 사랑의 함정과 같다.
서로 너무 잘 알고 있기 때문에
나를 설명하지 않아도 된다는 생각이
불화의 씨앗이 된다.
-데보라 태넌

실천 사항 점검

아내를 위해 기도한지 30일이 지났습니다.
5일 동안 기도와 함께 실천한 내용과 이후 5일 동안 실천하고 싶은 내용을 적어보세요.

횟수	날짜	실천하고 싶은 내용
회		
회		
회		
회		
회		
회		
회		
회		
회		
회		
회		
회		

남편을 위한 무릎 기도문

사랑하는 남편의
신앙, 건강, 성공 등을
이루게 하는 아내의 기도서!

아내를 위한 무릎 기도문

아내를 끝까지 지켜주는
남편의 소망, 소원,
행복이 담긴 기도서!

워킹맘의 무릎 기도문

좋은 엄마/좋은 직원/
좋은 성도가 되기위해
노력하는 워킹맘의 기도서!

손자/손녀를 위한 무릎 기도문

어린 손주 양육에
최선을 다하는
조부모의 손주를 위한 기도서!

자녀의 대입합격을 위한 부모의 무릎 기도문

자녀 합격을 위한
30가지 주제와
30일간 기도서!

대입합격을 위한 수험생 무릎 기도문

수험생을 위한
30가지 주제와
30일간 기도서!

태신자를 위한 무릎 기도문

100% 확실한 전도를 위한
30일간의 필수 기도서!

새신자 무릎 기도문

어떻게 믿어야 할지 모르는
새신자가 30일 동안 스스로
기도하게 하는 기도서!

교회학교 교사 무릎 기도문

반 아이들을 위해
실제로 기도할 수 있게 하는
교회학교 교사들의 필수 기도서!

선포(명령) 기도문

소리내 믿음으로 읽기만 해도
주님의 보호, 능력, 축복,
변화와 마귀를 대적하는
강력한 선포기도가 됩니다!

아내를 위한
무릎 기도문

엮은이 | 편집부와 나정화
발행인 | 김용호
발행처 | 나침반출판사

8판 발행 | 2024년 1월 5일

등 록 | 1980년 3월 18일 / 제 2-32호
주 소 | 07547 서울특별시 강서구 양천로 583
          블루나인 비즈니스센터 B동 1607호
전 화 | 본 사(02)2279-6321
          영업부(031)932-3205
팩 스 | 본 사(02)2275-6003
          영업부(031)932-3207

홈페이지 | www.nabook.net
이 메 일 | nabook365@hanmail.net
일러스트제공 | 게티이미지뱅크| iStock

ISBN 978-89-318-1460-6
책번호 바-1035

값은 뒷표지에 있습니다.